遊戲治療
到底是什麼？

孩子的遊戲治療入門書

原來這世界上，

有一個叫做

「遊戲治療室」

的地方。

那裡有許多種
好玩的玩具、
畫圖用品、
沙箱，
還有一些想不到的
東西呢！

常常會有一個人出現在那裡，

大家都叫她（他）

遊戲治療師。

她會帶我到

遊戲治療室，

告訴我什麼時候

可以離開，

但是她不會告訴我

怎麼玩才對。

在我玩玩具時，

她會陪著我、

看著我玩。

把我在玩的遊戲

說給我聽，

也幫助我知道

我自己在想什麼

或心裡有什麼感覺。

但是，

她不一定會

跟我一起玩。

神奇的是，

就算有時候我並不想講話

我發現遊戲治療師還是

可以了解我的感覺

和擔心。

有時候她會

限制我不能用某種

方法玩遊戲，

那是因為要保護我、

保護她自己，

或是保護玩具。

很特別的是，

她不會告訴別人

我在遊戲治療室裡面

做些什麼。

除非有人正在傷害我、我想要傷害別人，或是我想要傷害我自己。

還有，

她常常會跟爸媽商量

在家裡要怎樣幫助我，

這讓我覺得很開心。

我有下面這些情況的時候，

爸媽就會帶我去找遊戲治療師幫忙。

1. 有些事情

超級不順利的時候。

2. 覺得很傷心，

或是常常想哭。

3. 做（ㄗㄨㄛˋ）了（ㄌㄜ）一（一ˋ）些（ㄒ一ㄝ）惹（ㄖㄜˇ）上（ㄕㄤˋ）麻（ㄇㄚˊ）煩（ㄈㄢˊ）的（ㄉㄜ）事（ㄕˋ）情（ㄑ一ㄥˊ）。

4. 常常擔心一些別人認為不需要擔心的事情。

5. 跟別的小朋友

在一起的時候

很害羞、

不敢大聲說話。

6. 就是有種

不舒服的感覺，

但不知道怎麼會這樣。

見了遊戲治療師之後，

慢慢的，

我覺得自己變得

越來越好了。

我在遊戲治療室
感覺越來越自在，
以前困擾我的事情，
好像也變得
越來越小了。

然後，

遊戲治療師說，

該是互相告別的時候，

因為我已經變好，

不再需要去那裡了。

我覺得有點難過，

因為我會有很長一段

時間看不到她。

但是，我知道自己已經夠好了，有信心一個人面對以後的困難。

我會一直記得

陪伴我的遊戲治療師，

相信她也同樣會

記得我。

小朋友，

我想要告訴你，

接受遊戲治療

是一件

超酷、 超特別、

超有幫助

的事情喔！

筆記欄 Notes

致家長

在台灣，假如家長認為孩子的心理或行為問題需要幫助，建議先帶孩子去看在診所或醫院中執業的兒童青少年精神科專科醫師（台灣兒童青少年精神醫學會網站可搜尋到全台灣兒童青少年精神科專科醫師的執業分布詳細情況）。醫師會花些時間與孩子面談，也會從家長端詢問孩子的主述問題、過去史、發展史、因應策略、家庭史等等有利於找出問題來源或惡化因素的資料，同時在必要時使用問卷來評估問題的嚴重程度。在經過詳細診斷過程之後，醫師可能會做出診斷、也可能沒有做出具體診斷，然後醫師可能會建議用藥、也可能不建議用藥物治療。不管有無建議用藥，醫師有可能同時建議孩子接受遊戲治療。在台灣，目前有執行遊戲治療的專業人員包括諮商心理師、臨床心理師、兒童精神科醫師，其中的主要差別並不在於稱謂，而是在於每個人的學習歷程、專業取向、專業經驗，以及對兒童發展的精熟程度。因此，家長在幫孩子選擇遊戲治療的治療師過程中，宜選擇主要服務對象是兒童、且擅長運用遊戲媒材的專業人員。

一旦考慮接受遊戲治療，本書就可以開始派上用場。書中以文字和插圖詳細說明遊戲治療的流程及經歷，內文附有注音符號，孩子可以自行閱讀；當然，如果家長願意的話，也可以念給孩子聽，雙方一起了解孩子即將要面對的治療工作，可以減少孩子的焦慮，同時促進孩子接受治療的動機和意願。

希望本書可以幫助你和你的孩子更加順利地接受遊戲治療的協助。

陳信昭

兒童繪本《遊戲治療到底是什麼？》

——治療師的好幫手

　　凡是從事輔導、諮商或心理治療的專業人員應該都會同意，兒童族群是服務對象中很特殊的一群。他們不像青少年或成人可以用語言清楚地描述自己的困難或感覺，多數兒童無法或者不願意討論他們的適應性問題，因此與兒童工作經常存在著某種程度的挑戰。根據皮亞傑的認知發展理論，兒童在１２歲以後才會發展出運用推理和邏輯的抽象思考能力。因此，面對年幼的兒童案主，治療師不能如同面對成人案主般只是用語言跟兒童溝通，而需要尋找適合兒童的媒材或策略，以協助他們表達想法和困難。

　　多年來，遊戲治療已被廣泛證實是一種有效的治療模式，適合用來處理大腦仍在發展中的兒童個體，特別是３－１２歲的兒童。有別於談話治療的模式，遊戲治療提供一個安全與信任的情境，讓兒童透過玩耍來表達其想法、感覺和情緒，並藉由這個歷程，能夠學習與別人溝通、表達感覺、修正其行為、發展問題解決技術，以及各種與人建立關係的方法。

　　在準備引進遊戲治療模式給兒童之前，多數治療師會向父母或兒童監護人說明為何要使用遊戲和玩具等媒材、兒童可以從治療中獲得什麼改變，以及需要父母什麼樣的配合。有時也會先行讓父母參觀遊戲室，並回答父母對遊戲治療的相關疑問。但對於如何讓真正的案主——兒童，在治療前了解自己即將面對的治療情境，例如為何他／她需要接受治療、治療師是誰、治療機構（或遊戲室）是一個怎樣的地方、他／她要如何參與等等，卻缺少一個媒介幫助兒童在治療前對以上問題有所了解。父母親苦於不知如何對兒童說明即將開始的治療，孩子們更常是莫名其妙地被帶到治療機構，硬生生地開始他的療程。這些尷尬的困境正是《遊戲治療到底是什麼？》這本繪本可以發揮作用之處。如同日常，父母親陪著孩子一起閱讀一本繪本，透過附有注音符號的簡短文字和可愛的插畫，清晰並明確地讓兒童認識遊戲治療及治療師，能有效降低兒童面對治療的焦慮，增加對治療的準備度。這本繪本的出版對所有兒童治療師是一個再好不過的有用資源，推薦給所有用心與兒童工作的治療師們。

　　除了諮商專業上的幫助，這本繪本對於我個人更蘊藏深刻意義。它是外子陳信昭醫師撰寫的第一本兒童圖書，同時也是大兒子完成的第一本插畫作品。今年本該在英國念書的他，在ＣＯＶＩＤ－１９疫情肆虐下回到家鄉，在與家人每日共享的庭院早餐中父子不斷交換意見，意外成就了這本佳作。對我與家人而言，這無疑是ＣＯＶＩＤ－１９疫情帶來的珍貴禮物。

陳碧玲

諮商心理師
國際沙遊治療師（ISST認證）

作者簡介

陳信昭

台北醫學大學醫學系畢業

現職：殷建智精神科診所主治醫師
自然就好心理諮商所創辦人
台南市立醫院精神科兼任主治醫師
台灣心理劇學會認證導演暨訓練師
國際哲卡・莫雷諾心理劇機構導演暨訓練師
美國心理劇、社會計量與團體心理治療考試委員會認證訓
練師
中華團體心理治療學會認證督導
教育部學生輔導諮商中心台南一區諮詢服務中心顧問醫師
社團法人台灣心陽光協會理事長

經歷：台灣心理劇學會創會理事長
中華團體心理治療學會理事
成大醫院兒童青少年精神科主任
台灣遊戲治療學會理事
台灣兒童青少年精神醫學會監事

專長：兒童及青少年精神疾患之診斷與治療
心理劇實務、訓練及督導
遊戲治療／沙盤治療

繪者簡介

陳玠綸
@galen_lab

國立台灣藝術大學美術系畢業
University for the Creative Arts 插畫研究所 (2019 - 2020)
University of Southampton 純藝術研究所 (2021 - 2022)

現職：自由接案工作者

專長：客製插畫
封面設計

國家圖書館出版品預行編目(CIP)資料

遊戲治療到底是什麼？：孩子的遊戲治療入門書／陳信昭著；陳玠綸繪.
-- 初版. -- 新北市：心理出版社股份有限公司, 2021.04
面；　公分. -- (心理治療系列；22177)
ISBN 978-986-191-950-8(平裝)

1.遊戲治療 2.心理治療

178.8　　　　　　　　　　　　　　　　110001821

心理治療系列 22177

遊戲治療到底是什麼？孩子的遊戲治療入門書

策　　　畫：自然就好心理諮商所
作　　　者：陳信昭
繪　　　者：陳玠綸
執 行 編 輯：陳文玲
總 編 輯：林敬堯
發 行 人：洪有義
出 版 者：心理出版社股份有限公司
地　　　址：231026新北市新店區光明街288號7樓
電　　　話：(02) 29150566
傳　　　眞：(02) 29152928
郵撥帳號：19293172 心理出版社股份有限公司
網　　　址：https://www.psy.com.tw
電子信箱：psychoco@ms15.hinet.net
排 版 者：陳玠綸
印 刷 者：上海印刷廠股份有限公司
初版一刷：2021年4月
I S B N：978-986-191-950-8
定　　　價：新台幣200元